AF239663

Udenlandsk Inkasso – en introduktion

Trade Finance Serien

Af samme forfatter:

UCP 600 Transport Documents (2012)
From Beginning to Beginning – Trade Finance Articles from 2003 to 2011 (2012)

I samme serie:

Remburs – en introduktion (2012)
Anfordringsgaranti og Standby Remburs – en introduktion (2013)

Under navnet Kim Christensen:

Svimmelhedstid, poesi (2006)

I arbejdet med denne bog skylder jeg uendelig tak
til min fantastisk hustru Ketty Sindberg.

Kim Sindberg

Udenlandsk Inkasso
- en introduktion

Trade Finance Serien

© 2013 Kim Sindberg
www.kimsindberg.dk - www.remburs.com
Omslagsbillede: Ketty Sindberg
Forlag: Books on Demand GmbH, København, Danmark
Fremstilling: Books on Demand GmbH, Norderstedt, Tyskland
ISBN 978-87-7145-661-5

Om Kim Sindberg

Kim Sindberg er uafhængig Trade Finance konsulent, med 18 års erfaring fra Nordea Trade Finance - primært som faglig ekspert inden for Trade Finance området. Inden tiden hos Nordea arbejdede han som speditør og arrangerede søtransporter til og fra Fjern- og Mellemøsten.

Medlemsskaber:

- Formand for "ICC Danmark Trade Finance Forum"
- Medlem af "ICC Commission on Banking Technique and Practice"
- Medlem af "ISBP Drafting Group"
- Medlem af "DOCDEX Drafting Group"
- Medlem af "IIBLP European Advisory Council"
- Medlem af "IIBLP Council on International Standby Practices"

Tidsskrifter:

- "Editor in Chief" for det elektroniske nyhedsbrev "Trade Services Update"
- Sammen med Ravi Mehta skabte han rembursportalen lcviews.com
- Bidrager regelmæssigt til internationale tidsskrifter med kommentarer og artikler
- Hans artikler er oversat til Vietnamesisk, Kinesisk og Tyrkisk

Andet:

- Oversætter af de internationale rembursregler (UCP 600) til dansk
- Har sammen med Lakshmanan Sankaran udviklet Trade Finance App'en "Pocket Guide Series for International Trade"
- DOCDEX Ekspert (DOCDEX står for Documentary Instruments Dispute Resolution Expertise, og styres af ICC International Centre for Expertise)
- Merkonom i transport

Indholdsfortegnelse

1   Introduktion

Formålet med denne bog, er at give en introduktion til Udenlandsk Inkasso.

Udenlandsk Inkasso (på engelsk "Collections") er et internationalt betalingsinstrument, der er underlagt internationale regler: De ensartede inkassoregler.
Når der i denne bog henvises til inkassoreglerne, er der tale om seneste udgave af disse regler. Disse bliver omtalt som URC 522, fordi det er publikation nummer 522 fra ICC – International Chamber of Commerce.
Læs mere om URC 522 i kapitel 9 "Regler og praksis."

2   Introduktion til inkasso

Udenlandsk inkasso (i denne bog omtalt som "inkasso") er et betalingsinstrument, der ofte benyttes i international handel. Det er vigtigt ikke at forveksle udenlandsk inkasso med retslig inkasso. Retslig inkasso er en metode til at inddrive et beløb, som skyldneren ikke har betalt rettidigt. I udenlandsk inkasso har parterne (typisk køber og sælger) frivilligt aftalt at benytte udenlandsk inkasso til at håndtere betalingen.

En handel mellem to parter giver forskellige udfordringer. Hvis f.eks. køber og sælger ikke bor i samme land, er det ikke praktisk, at køber skal rejse til sælgers land for at afslutte handlen og hente varerne. Hvad skal sendes først: Pengene eller varerne?

Handel over landegrænser udsætter mindst én af parterne for risiko. Hvis varerne sendes før køber betaler, har sælger den risiko, at køber betaler for sent – eller slet ikke betaler. Hvis betaling derimod sker, før varerne afsendes, har køber den risiko, at varerne ikke lever op til aftalen (kvalitet og mængde), eller at varerne aldrig bliver afsendt.

Der findes en række "instrumenter," der på forskellige måder fjerner eller reducerer disse risici. Ét af disse instrumenter er inkasso.

3   Hvad er inkasso?

For at forstå hvad inkasso er, er det vigtigt at forstå dens funktion, og den værdi den giver til henholdsvis køber og sælger. Eller sagt på en anden måde: Hvorfor vælger parterne at benytte inkasso?

3.1   Hvorfor benytte inkasso?

Når to parter har besluttet sig for at handle sammen, opstår der en række spørgsmål: Hvordan skal betalingen foregå? Og hvornår? Hvilken sikkerhed er der behov for? Og for hvem? Er der behov for finansiering? Og i hvor lang tid?

Alt afhængig af svarerne på disse spørgsmål, findes der muligheder/instrumenter, der på forskellig vis kan hjælpe til at afvikle handlen. Hver med sine fordele og ulemper.

I udgangspunktet vil parterne overveje ét af de to følgende scenarier:

Åben regning
Sælger afsender varerne, og køber betaler, når varerne er vel modtaget.
Dette er til købers fordel. Varerne skal ikke betales, før de er modtaget, så der er mulighed for at undersøge kvalitet og mængde før betaling. Ved åben regning har sælger en risiko, idet betaling afhænger af købers evne og vilje til at betale – efter at have modtaget varerne.

Forudbetaling
Køber betaler forud for varerne, og de afsendes, når sælger har modtaget betaling.
Dette er til sælgers fordel. Betaling er modtaget, inden afsendelse af varerne. Ved forudbetaling har køber en risiko, idet han har betalt, og modtagelse af varerne, deres kvalitet og leveringstidspunktet afhænger af sælgers evne til at opfylde aftalen.

I beskrivelserne herover kan det lyde "farligt," at handle i åben regning og forudbetaling. For god ordens skyld, skal det understreges, at begge metoder anvendes ofte, og langt de fleste gange går det godt: Køber får sine varer og sælger sine penge. Normalt har begge parter en interesse i, at handelsforholdet kan fortsætte.

Begge metoder udgør dog (som beskrevet) en risiko for én af parterne. Hvorvidt denne risiko er acceptabel, afhænger af en række faktorer. F.eks.

Kendskab til modparten
Hvor godt kender parterne hinanden? Har de handlet sammen før?

Politiske risici
Selv om der er tillid til modparten, kan det være, at der i det land modparten bor, opstår situationer, der umuliggør at handlen afsluttes. Et eksempel er urolighederne i Syrien i 2013.

Vareart
Hvilke varer handles der? Hvis der f.eks. er tale om nødhjælp til ulande, må det formodes, at der er stor interesse i at modtage varerne.

Kort og godt må parterne gøre op hvilken risiko, de ønsker (føler sig nødsaget til) at tage i forhold til den konkrete handel.

Kan parterne ikke blive enige om at handle i åben regning eller forudbetaling, findes der – som nævnt – forskellige muligheder/instrumenter, der kan fjerne, reducere, flytte eller ændre risikoen. En af disse muligheder – et af disse "instrumenter" – er inkasso.

Inkasso er kendt og anvendt i international handel. I nogle sammenhænge benyttes det ofte – mens det i andre stort set aldrig benyttes.

Inkasso vælges ofte, når der er behov for en betalingsmetode, der giver mere sikkerhed end åben regning – men mindre end f.eks. remburs (læs mere om remburs i "Remburs – en introduktion"). Ofte starter et handelsforhold med, at parterne handler sammen på remburs. Efter et stykke tid, når der er opbygget tillid og faste rutiner, skiftes der til inkasso. Dette er et naturligt skridt, fordi inkasso indeholder nogle af rembursens egenskaber, men uden en garanti fra en bank.

For god ordens skyld skal det nævnes, at inkasso kan benyttes til andre formål end betaling for varer, men i denne bog tages der udgangspunkt i eksempler, hvor dokumenterne der præsenteres under inkasso omhandler varer, der er sendt fra sælger til køber.

3.2 Inkasso er et betalingsinstrument

Inkasso er et betalingsinstrument, det vil sige, at den formidler strømmen af penge mellem køber og sælger igennem de involverede banker. Det betyder, at køber ikke skal initiere betalingen, som hvis der var tale om åben regning. Tværtimod, er det bankerne, der formidler betalingen.

Inkasso er imidlertid mere end et betalingsinstrument; den styrer også de dokumenter, som typisk skal sendes fra sælger til køber, og som køber skal bruge for at modtage og indfortolde varerne. Dokumenterne er vigtige i en inkassation, idet det er udleveringen af dokumenterne til køber, der foranlediger købers betaling.

3.3 Hvordan virker inkasso?

Herunder er en figur, der viser inkassationens 4 linjer.

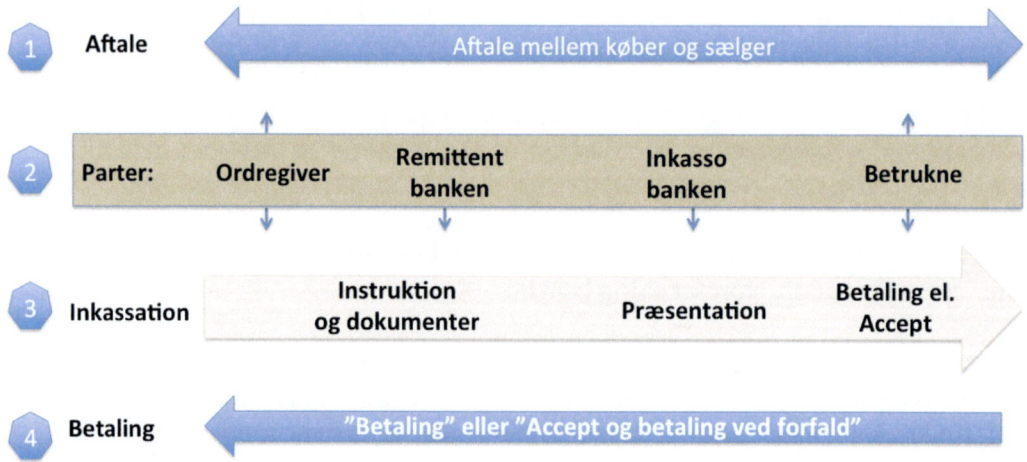

Linje 1 - Aftale mellem køber og sælger
Denne linje illustrerer den kommercielle aftale mellem køber og sælger. Denne aftale er ikke en del af inkassationen, men er det fundament den er baseret på.
Den kommercielle aftale er vigtig – også i denne sammenhæng, fordi det er på dette tidspunkt, køber og sælger bør aftale de nærmere detaljer omkring inkassationen.

Linje 2 - Parter
Denne linje illustrerer parterne i en inkassation. Læs mere om parterne i kapitel 4 "Hvem er parterne i en inkassation?"

Linje 3 – Inkassation
Denne linje illustrerer selve inkassationens udstedelse.

Inkassoinstruktionen
Efter at have afsendt varerne, udfylder sælger en inkassoinstruktion – og sender den til remittentbanken. Alle dokumenter der fremsendes til inkasso, skal ledsages af en inkassoinstruktion[1]. De handlinger de involverede banker udfører i forbindelse med inkassationen, skal være i overensstemmelse med inkassoinstruktionen og inkassoreglerne[1].

De involverede banker gennemgår ikke selve dokumenterne for instruktioner[2], men skal afgøre om antallet af dokumenter er korrekt[3]. Bankerne foretager altså ikke en dokumentkontrol.

Inkassoinstruktionen kan indeholde følgende oplysninger[4]:

- Oplysninger om remittent banken (med alle kontaktoplysninger)
- Oplysninger om ordregiveren (navn og kontaktoplysninger)
- Oplysninger om betrukne (navn og kontaktoplysninger) eller den adresse hvor inkassationen skal præsenteres
- Oplysninger om den præsenterende bank (navn og kontaktoplysninger)
- Det beløb (inkl. valuta) der skal inkasseres
- En liste med de vedlagte dokumenter – og antal for hvert dokument
- Betingelser for hvordan betaling og/eller accept skal opnås, samt betingelserne for udlevering af dokumenterne

13

- Gebyrer der skal opkræves (og om de kan frafaldes)
- Eventuelle renter der skal opkræves
- Betalingsmåde og formen for betalingsmeddelelser (brevlig eller elektronisk)
- Instruktioner i tilfælde af manglende betaling og/eller accept samt manglende overholdelse af andre instruktioner

I praksis kan inkassoinstruktionen fremsendes på forskellige måder. Ofte som et brev sammen med dokumenterne, men der er mange banker der tilbyder "direct collection," hvor ordregiveren kan printe inkassoinstruktionen fra et system, og – på vegne af banken – fremsende dokumenterne direkte til inkassobanken. Læs mere om "direct collection" i kapitel 3.5.3 "Almindelig inkasso kontra direct collection."

Efter remittentbanken har modtaget inkassoinstruktionen fremsendes denne – samt de modtagne dokumenter til inkassobanken.

Herefter præsenterer den inkassobank der er præsenterende bank dokumenterne til betrukne (ofte køber) med henblik på at modtage betaling eller accept.

Se et eksempel på en inkassoinstruktion i kapitel 5 "Eksempel på en inkassation."

Linje 4 - Betaling eller accept og betaling ved forfald
For at modtage dokumenterne skal betrukne betale eller acceptere i henhold til inkassoinstruktionen.

Hvis inkassodokumenterne må udleveres mod betaling, skal betrukne betale inkassobeløbet til inkassobanken. Herefter modtager betrukne dokumenterne, og inkassobanken betaler til remittentbanken, som betaler til ordregiver (sælger). Hvis betrukne nægter at betale, vil inkassobanken følge instruktionerne i inkassoinstruktionen. Læs mere om instruktionerne i kapitel 5 "Eksempel på en inkassation."

Hvis inkasso dokumenterne må udleveres mod accept, skal betrukne acceptere en veksel. Efter accept af denne veksel modtager betrukne dokumenterne, og inkassobanken giver besked til remittentbanken, som giver besked til ordregiver (sælger), om at dokumenterne er udleveret mod accept.

14

Ved forfald (tidspunkt for betaling i henhold til den accepterede veksel) kontaktes betrukne for betaling. Når betaling er modtaget betaler inkassobanken til remittentbanken, som betaler til ordregiver (sælger).

Hvis betrukne nægter at acceptere vekslen, eller har accepteret vekslen og ikke betaler ved forfald, vil inkassobanken følge instruktionerne i inkassoinstruktionen. Læs mere om instruktionerne i kapitel 5 "Eksempel på en inkassation."

3.4 Hvordan er inkasso defineret?

Inkasso kan defineres som følger:

Inkasso (i henhold til URC 522) er bankers behandling af dokumenter i henhold til instruktioner for at opnå betaling eller accept mod udlevering af dokumenterne[5].

I denne definition skal nævnes følgende:

- Det er vigtigt, at det i inkassoinstruktionen tydeligt fremgår, at den skal håndteres i henhold til URC 522 (De Ensartede inkassoregler, 1995 revision, ICC publikation nr. 522)

- Inkasso er behandling af dokumenter (læs mere on dokumenterne i kapitel 3.6 "Dokumenterne i en inkassation") i henhold til en inkassoinstruktion (læs mere om inkassoinstruktionen i kapitel 3.3 "Hvordan virker inkasso?" Linje 3 – Inkassation).

- Formålet med inkassationen er at præsentere dokumenterne med det formål at opnå betaling eller accept. Læs mere om betaling og accept i kapitel 3.3 "Hvordan virker inkasso?" Linje 4 – Betaling eller accept og betaling ved forfald.

3.5 Inkassotyper

Inkasso kan opdeles i forskellige typer, der kan kombineres på forskellige måder.

3.5.1 Betaling ved sigt kontra accept
Dokumenterne kan enten udleveres mod betaling ved sigt – altså når dokumenterne
præsenteres for køber, eller ved købers accept og betaling ved forfald.

3.5.1.1 Dokumenter betalbare ved sigt
Hvis køber og sælger har aftalt, at dokumenterne skal udleveres mod betaling (D/P –
"documents against payment"), skal betalingen ske ved sigt – altså ved første præsentation
af dokumenterne til køber[6].

I nogle tilfælde ankommer dokumenterne tidligere end varerne, og køber kan have et
ønske om at vente med at betale til varernes ankomst. Hvis dette er tilfældet, skal det
tillades i inkassoinstruktionen.
Se punkt 10 i kapitel 5 "Eksempel på en inkassation."

3.5.1.2 Dokumenter betalbare ved forfald
Betaling ved forfald betyder, at betaling skal ske på et senere (defineret) tidspunkt.
Betaling ved forfald kan ske på 3 forskellige måder:

Accept
Hvis køber og sælger har aftalt, at dokumenterne skal udleveres mod accept (D/A –
"documents against acceptance"), skal køber acceptere en veksel for at få dokumenterne
udleveret. Denne accept er købers tilsagn om at ville betale ved forfald. Forfaldsdatoen
fremgår af vekslen, og kan angives på forskellige måder. F.eks. "60 dage efter afskibning"
eller "90 dage efter sigt."

Betaling ved forfald betyder, at køber får kredit.

En inkassation bør ikke indeholde veksler, der skal betales på en fremtidig dato og
samtidig indeholde instruktioner om, at kommercielle dokumenter kun må udleveres mod
betaling[7].
Hvis dette er tilfældet, modtager køber først dokumenterne ved forfald. I mange tilfælde
er forfald efter varernes ankomst, og hvis f.eks. dokumenterne indeholder et
konnossement, der giver adgang til varerne kan køber først få adgang til varerne, når der
betales – hvilket kan være længe efter varerne er ankommet.

Det er vigtigt for sælger at være opmærksom på, at det kun er køber der indestår for betaling på forfaldsdatoen. Det er ikke – som det f.eks. er tilfældet ved remburs – en bank der garanterer for betalingen.

Der er imidlertid en mulighed for at knytte en garanti til vekslen. Mere on dette i kapitel 8 "Finansiering, garanti og aval."

Udskudt betaling

Ved udskudt betaling indeholder inkassoinstruktionen en instruktion om, at dokumenterne skal udleveres mod betaling – på en fremtidig dato. Denne metode er brugbar i de tilfælde, hvor varernes transporttid er lang. I dette tilfælde kan betalingen tidsmæssigt kobles sammen med varernes ankomst.

Indeståelse

Ved en indeståelse udleveres dokumenterne til køber, mod at denne skriftligt indestår for betaling på en given dato.

Hvis køber ikke betaler, må sælger gå rettens vej for at hente sine penge. En indeståelse giver ikke – som en veksel – mulighed for hurtig retsforfølgning af køber.

3.5.2   Dokumentinkasso kontra enkeltinkasso

For at opnå betaling skal sælger præsentere dokumenter. Inkassoreglerne nævner to typer af dokumenter, henholdsvis:

Kommercielle dokumenter[8]

F.eks. faktura, konnossement, certifikater og pakkeliste.

Finansielle dokumenter[9]

Dokumenter det anvendes til at opnå betaling som f.eks. veksel og check.

Det er typen af præsenterede dokumenter, der afgør, om det er dokumentinkasso eller enkeltinkasso:

3.5.2.1 Dokumentinkasso

Dokumentinkasso indeholder kommercielle dokumenter med eller uden finansielle dokumenter[10].

En inkassoforretning der understøtter en handel med varer, er typisk dokumentinkasso. En dokumentinkassation kan indeholde mange forskellige typer af dokumenter, alt efter hvad der er aftalt mellem køber og sælger.

Læs mere om dokumenterne i kapitel 3.6 "Dokumenterne i en inkassation."

3.5.2.2 Enkeltinkasso

I enkeltinkasso (på engelsk "clean collection") indeholder inkassoforretningen kun finansielle dokumenter[11].
Enkeltinkasso benyttes f.eks. til accepterede veksler, solaveksler eller anvisninger.

Accepterede veksler

Transaktionen kan f.eks. foregå som følger:

1. Sælger sender en veksel direkte til køber, og beder køber acceptere og returnere denne.
2. Køber accepterer og returnerer vekselen til sælger
3. Når sælger har modtaget den accepterede vekslen afsendes varerne til køber.
4. Inden forfald sendes vekslen til køber via en inkassation.
5. Betaling:
   a. Køber betaler under inkassationen (ved forfald) og modtager vekslen, eller
   b. Købet betaler ikke, og sælger kan benytte den accepterede veksel til hurtig retsforfølgning af køber.

Solaveksler

En solaveksel er en veksel, der kun er udstedt i ét eksemplar, til indløsning ved udstederen selv.

Transaktionen kan f.eks. foregå som følger:

1. Køber udsteder en solaveksel med sig selv som vekselskyldner, og sender denne til sælger.
2. Når sælger har modtaget vekslen afsendes varerne til køber.
3. Inden forfald sendes vekslen til køber via en inkassation.
4. Betaling:
   a. Køber betaler under inkassationen (ved forfald) og modtager vekslen retur, eller
   b. Køber betaler ikke, og sælger kan benytte solavekslen til hurtig retsforfølgning af køber.

Anvisninger
En anvisning er en "kvittering" for betaling. Denne er udstedt af sælger, og modtages først af køber når der er betalt under inkassationen.

Transaktionen kan f.eks. foregå som følger:

1. Sælger sender varerne – og de kommercielle dokumenter – direkte til køber.
2. Inden forfald – eller med det samme hvis betaling skal ske ved sigt – sendes anvisningen til køber via en inkassation.
3. Betaling:
   a. Køber betaler under inkassationen og modtager anvisningen, der er købers kvittering for betaling, eller
   b. Køber betaler ikke, og sælger må gå rettens vej for at hente sine penge. En anvisning giver ikke – som en veksel – mulighed for hurtig retsforfølgning af køber.

3.5.3 "Almindelig" inkasso kontra "direct collection"
En anden måde at opdele inkasso på er "almindelig" inkasso kontra "direct collection.

3.5.3.1 Almindelig inkasso

Almindelig inkasso er den traditionelle inkassation der er beskrevet i kapitel 3.3 "Hvordan virker inkasso?" Her bliver både inkassoinstruktionen og dokumenterne fremsendt til køber igennem de involverede banker.

3.5.3.2 Direct collection

"Direct collection" er – som navnet antyder – en mere direkte måde at håndtere en inkassation på, idet sælger selv fremsender inkassoinstruktionen og dokumenterne til køber – men på vegne af sin bank, og i henhold til inkassoreglerne. Det vil sige, at det formelt er sælgers bank, der er remittentbanken, og som sender inkassationen til inkassobanken (købers bank). Efter inkassationen er afsendt overtager sælgers bank håndteringen af forretningen. Det vil f.eks. sige, at denne bank sørger for at rykke for betaling / accept – og betaler til sælger når pengene er modtaget.

Tidligere blev dette gjort sådan, at sælger havde bankens formular (inkassoinstruktion), og udfyldte denne manuelt, og sendte denne og dokumenterne til inkassobanken – og en kopi af inkassoinstruktionen til sin egen bank. I dag bliver dette primært klaret elektronisk, ved at sælger udfylder en formular i et system, der er stillet til rådighed af dennes bank. Denne formular danner inkassoinstruktionen, der kan printes til brug for forsendelse af dokumenterne, samtidig med at en elektronisk meddelelse bliver sendt til banken.

3.6 Dokumenterne i en inkassation

Dokumenterne er centrale i en inkassation, idet betaling eller accept medfører at dokumenterne bliver udleveret til køber. Som nævnt i kapitel 3.5.2 "Dokumentinkasso kontra enkeltinkasso" kan en inkassation indeholde to typer dokumenter henholdsvis "kommercielle dokumenter" (f.eks. faktura, konnossement, certifikater og pakkeliste) og "finansielle dokumenter" (dokumenter det anvendes til at opnå betaling som f.eks. veksel og check). Hvert dokument har en funktion – enten direkte knyttet til inkassationen, eller for køber i forhold til at få varerne udleveret, indfortoldet eller lignende.

Som det fremgår af kapitel 3.3 "Hvordan virker inkasso?" gennemgår de involverede banker ikke selve dokumenterne. Deres opgave er at afgøre, om antallet af dokumenter er korrekt . Bankerne foretager altså ikke (som det er tilfældet i en remburs) en dokumentkontrol. Ikke desto mindre er det vigtigt, at køber og sælger aftaler, hvilke dokumenter der skal præsenteres under inkassationen, og naturligvis ligeledes vigtigt, at de præsenterede dokumenter er som aftalt.

Der er ingen regler for, hvilke dokumenter der skal præsenteres under en inkassation, men den kan f.eks. indeholde følgende dokumenter:

- Faktura (se eksempel på en faktura i appendiks 1)
- Veksel (se eksempel på en veksel i appendiks 2)
- Pakkeliste (se eksempel på en pakkeliste i appendiks 3)
- Transport dokument f.eks.:
    o Konnossement (bill of lading) (se eksempel på et konnossement i appendiks 4), eller
    o Luftfragtbrev (se eksempel på et luftfragtbrev i appendiks 6), eller
    o Transportdokument for bil (se eksempel på et transportdokument for bil i appendiks 7)
- Forsikrings dokument (se eksempel på et forsikringscertifikat i appendiks 5)
- Oprindelses certifikat (se eksempel på et oprindelses certifikat i appendiks 8)

Herunder er en kort beskrivelse af ovennævnte dokumenter ud fra et "inkasso synspunkt."

3.6.1 Faktura
Fakturaen er det dokument, som sælger udsteder til køber, med angivelse af de varer der er solgt/afsendt, samt det beløb der skal betales. Fakturaen er et centralt dokument, fordi den er grundlaget for købers betaling. I en inkassation er det vigtigt at bemærke, at de involverede banker ikke kontrollerer fakturaen. Det betyder, at hvis der f.eks. er forskel på informationerne i fakturaen og inkassoinstruktionen, er det instruktionerne i inkassoinstruktionen, der bliver fulgt at de banker, der er involveret i inkassationen.
Se et eksempel på en faktura i appendiks 1.

3.6.2 Veksel
Vekslen er et gammelt betalings -og kreditinstrument. Oftest er det sælger der udsteder vekslen – trukket på køber. Når køber har accepteret vekslen, er det et tilsagn om, at køber vil betale ved forfald.

Vekslen benyttes ofte i inkassationer, særligt i de tilfælde hvor dokumenterne må udleveres mod accept. Når køber har accepteret vekslen, har udstederen (sælger) mulighed for hurtig retsforfølgning, hvis der ikke betales ved forfald.

For at sikre denne mulighed for hurtig retsforfølgning ved manglende betaling eller accept skal vekslen normalt protesteres. Reglerne for protest er forskellige rundt om i verden. I Danmark er det sådan, at hvis en veksel er forfalden til betaling, og ikke bliver betalt, skal den protesteres af notaren (i den retskreds, hvor vekslen skal betales) indenfor 2 hverdage efter forfaldsdagen.
Inkassoinstruktionen bør indeholde instruktioner vedrørende protest. Hvis den ikke gør det, har bankerne ikke pligt til at protestere. Alle omkostninger i forbindelse med protest skal betales af den part, hvor inkassationen er modtaget fra[12].

I Danmark er der en række krav til veksler. Disse er udtrykt i vekselloven[13]:

1. Den skal være benævnt "veksel"
2. Der skal være en ubetinget anmodning om at betale en bestemt pengesum
3. Navnet på den, der skal betale (trassaten) skal fremgå
4. Forfaldstiden skal angives
5. Stedet, hvor betalingen skal ske skal angives
6. Navnet på den, til hvem eller til hvis ordre betalingen skal ske skal fremgå
7. Dag og sted for vekslens udstedelse skal angives
8. Vekslen skal underskrives af den, der udsteder vekslen (trassenten).

Se eksempel på en veksel i appendiks 2.

3.6.3   Pakkeliste
Pakkelisten er det dokument, der viser hvordan varerne er pakket.
Se et eksempel på en pakkeliste i appendiks 3.

3.6.4   Transport dokument
Ofte har transport dokumentet en særlig rolle i dokumentinkasso (læs mere om dokumentinkasso i kapitel 3.5.2.1 "Dokumentinkasso"). Transport dokumenter har forskellige funktioner, der har indflydelse på udleveringen af varerne til køber.

Hvis f.eks. der efter varernes afsendelse udstedes et negotiabelt konnossement (bill of lading), skal dette overdrages til fragtføreren, før varerne kan udleveres. I forbindelse med en inkassation er dette praktisk, idet køber ved betaling eller accept modtager dette konnossement – der giver adgang til varerne.
Se et eksempel på et konnossement i appendiks 4.

Hvis der derimod efter varernes afsendelse udstedes et fragtbrev (f.eks. et luftfragtbrev eller transportdokument for bil), bliver varerne udleveret til den part, der en angivet som modtager på fragtbrevet. Hvis køber er angivet som modtager på fragtbrevet, modtager køber altså varerne uafhængig af, om der betales under inkassationen.
For at imødegå dette udstedes mange fragtbreve, der skal præsenteres under en inkassation, til inkassobanken. Derved kan inkassobanken foretage udlevering til køber, når inkassationen er betalt eller accepteret.
I denne forbindelse er det vigtigt at bemærke, at et transport dokument ikke bør udstedes direkte til en bank, uden at denne bank på forhånd har accepteret det. Hvis transport dokumentet udstedes til en bank uden at denne har accepteret det, er den ikke forpligtet til at modtage varerne. Den er f.eks. ikke forpligtet til at udlevere varerne til køber[14].
Se et eksempel på et luftfragtbrev i appendiks 6.
Se et eksempel på et transportdokument for bil i appendiks 7.

3.6.5   Forsikrings dokument
Et forsikrings dokument er ofte del af en inkassation, når der handles på CIF- eller CIP basis[15], hvor sælger skal tegne forsikring på vegne af køber.
Se eksempel på et forsikringscertifikat i appendiks 5.

3.6.6   Oprindelses certifikat
Som navnet antyder angiver oprindelses certifikatet varernes oprindelse. Oprindelses certifikatet kan udstedes direkte af sælger, men i mange tilfælde, bliver det udstedt af et handelskammer eller lignende. Nogle gange skal det endda legaliseres af købers lands ambassade i sælgers land.
Oprindelses certifikatet benyttes af køber når varerne skal indfortoldes.
Se et eksempel på et oprindelses certifikat i appendiks 8.

4 Hvem er parterne i en inkassation?

Der optræder forskellige parter i en inkassation. Inkassoreglerne anvender følgende terminologi:

4.1 De kommercielle parter

4.1.1 Ordregiveren (Principal)
Ordregiver[16] er den part, der overdrager behandlingen af en inkassation til en bank. I en inkassation er ordregiver normalt sælger.

4.1.2 Betrukne (Drawee)
Betrukne[17] er den part som dokumenterne skal præsenteres for i henhold til inkassoinstruktionen.
I en inkassation er betrukne normalt køber.

4.2 Andre parter

4.2.1 Remittentbanken (Remitting bank)
Remittentbanken[18] er den bank, som ordregiveren har overdraget behandlingen af inkassationen til.
I en inkassation er remittentbanken normalt sælgers bank.

4.2.2 Inkassobanken (Collecting bank)
Inkassobanken[19] er en hvilken som helst bank, bortset fra remittentbanken, der er involveret i gennemførelsen af inkassationen.
Oftest er inkassobanken og den præsenterende bank en og samme bank.

4.2.3 Præsenterende bank (Presenting bank)

Præsenterende bank[20] er den inkassobank, der foretager præsentationen for betrukne (køber).

I en inkassation er præsenterende bank normalt købers bank.

5 Eksempel på en inkassation

Inkassoinstruktionen er kernen i en inkassation. Inkassoinstruktionen starter hos sælger, der sender denne – ledsaget af de dokumenter der skal sendes til inkasso til remittentbanken. Inkassoinstruktionen udfærdiges i henhold til artikel 4 i inkassoreglerne. Se kapitel 3.3 "Hvordan virker inkasso?" for kravene til inkassoinstruktionen.

Herunder (side 27) er et *eksempel* på en inkassoinstruktion. Denne skal udfyldes af sælger (ordregiver) og sendes til remittentbanken. Hvert felt i inkassoinstruktionen er kommenteret.

1: Inkassoinstruktionen er underlagt inkassoreglerne
Det skal fremgå af inkassoinstruktionen, at inkassationen er underlagt inkassoreglerne[1]. Hvis inkassoinstruktionen ikke henviser til inkassoreglerne, gælder disse ikke.

2: Bankens reference nummer
Dette er remittentbankens reference nummer, og det påføres af banken når inkassoinstruktionen modtages.

3: Inkassationens beløb
Her angives det beløb der skal inkasseres. Det er vigtigt at huske på, at det ikke er beløbet på fakturaen, der skal inkasseres – men derimod beløbet på inkassoinstruktionen. Normalt er det naturligvis samme beløb, der fremgår af inkassoinstruktion og faktura.

InkBank

Udenlandsk Inkasso

Denne Inkassation håndteres i henhold til de "Ensartede inkassoregler" (1995 revision), Det Internationale Handelskammers publikation nr. 522. **(1)**

(2)

Reference nummer: _____

Vedlagt fremsendes til inkasso nedennævnte dokumenter/udenlandsk check for et beløb af: _____ **(3)**

(4)

Veksel	Faktura	Pakke Liste	Transport Dokument	Oprindelses Certifikat	Forsikrings Dokument	Andre Dokumenter	Check

(5)

Købers Bank (Navn ag Adresse)

(6)

Køber (Navn og Adresse)

Dokumenter udleveres mod: ☐ Betaling ☐ Accept ☐ Indeståelse ☐ Andet **(7)**

Instruktioner til købers bank: (sæt x)

Protest:
☐ Ved manglende betaling
☐ Ved manglende accept **(8)**

Kontakt InkBank:
☐ Ved betaling
☐ Ved accept
☐ Ved manglende betaling
☐ Ved manglende accept **(9)**

Vedrørende vareren:
☐ Betaling må afvente varens ankomst **(10)**
☐ Der må tages prøver af varen
☐ Varen skal oplagres ved manglende betaling/accept
☐ Varen skal forsikres ved manglende betaling/accept
☐ Varen må inspiceres

Omkostninger:
☐ Danske bankomkostninger betales af betrukne **(11)**
☐ Udenlandske bankomkostninger betales af betrukne
☐ Danske / udenlandske bankomkostninger kan ikke frafaldes

Efter indgang bedes nettobeløbet krediteret vores konto: REG: _____ KONTO: _____ **(12)**

Kontaktperson: NAVN: _____ TELEFON: _____ **(13)**

_____   _____ **(14)**

Dato   Firmanavn og underskrift

4: Dokumenterne

Her angives de dokumenter, der skal fremsendes til inkasso.

De involverede banker gennemgår ikke selve dokumenterne for instruktioner[2], men skal afgøre om antallet af dokumenter er korrekt[3]. Bankerne foretager ikke en dokumentkontrol. Der er derfor vigtigt, at det korrekte antal dokumenter anføres. Hvis banken konstaterer, at de modtagne dokumenter ikke svarer til listen i inkassoinstruktionen, skal den "uden forsinkelse" give besked til den part den modtog inkassoinstruktionen fra[3].

Læs mere om dokumenterne i kapitel 3.6 "Dokumenterne i en inkassation" og se eksempler på de forskellige dokumenter i appendiks 1-8.

5: Købers bank

Her angives købers bank (inkassobanken). Det er denne bank inkassationen sendes til, og som præsenterer inkassationen for køber (betrukne).

Hvis der ikke angives en inkassobank kan remittentbanken anvende en bank efter eget valg i det land, hvor:

- betaling skal finde sted, eller
- accept skal indhentes, eller
- hvor andre betingelser skal opfyldes[21]

6: Køber

Her angives køber (betrukne).

7: Dokumenter udleveres mod

I dette felt angives om dokumenterne må udleveres mod

- betaling,
- accept,
- indeståelse
- eller andet (hvis dokumenterne skal udleveres mod "andet" skal dette angives).

Læs mere om udlevering af dokumenter mod betaling eller accept i "Linje 4 – Betaling eller accept og betaling ved forfald" i kapitel 3.3 "Hvordan virker inkasso?"

8: Protest

Dette er en del af de instruktioner, der gives videre til inkassobanken.
Her kan der gives instruktion om vekslen skal protesteres ved manglende betaling og/eller accept.
Læs mere om protest i kapitel 3.6.1 "Veksel i en inkassation."

9: Kontakt i tilfælde af

Dette er en del af de instruktioner, der gives videre til inkassobanken.
Her gives der instruktioner om i hvilke tilfælde inkassobanken skal kontakte remittentbanken.

Henholdsvis:

- Ved betaling
- Ved accept
- Ved manglende betaling
- Ved manglende accept

10: Varerne

Dette er en del af de instruktioner, der gives videre til inkassobanken.
Her gives der instruktioner om de varer, der er omhandlet af inkassationen.
I dette tilfælde er der følgende muligheder:

- Betaling må afvente varens ankomst
  I dette tilfælde vil betaling afvente, at varerne ankommer til købers land. Denne instruktion betyder ikke, at dokumenterne udleveres til køber inden der er betalt.

- Der må tages prøver af varen
  Dette giver køber lov til at få taget prøver af varerne. Ofte kræver dette

involvering af inkassobanken, da denne råder over det originale konnossement.

- Varen skal oplagres ved manglende betaling/accept
  Dette er en instruktion til inkassobanken om at oplagre varerne i tilfælde af
  manglende betaling og/eller accept.
  Det er vigtigt at bemærke, at banken ikke er forpligtet til at oplagre varerne. Det
  gælder selv om den har modtaget instruktioner om dette[22]. Hvis banken vælger at
  følge instruktionen, og oplagre varerne, gør den dette uden ansvar for varernes
  skæbne eller stand – eller for handlinger af tredjeparter[23]. Alle omkostninger i
  forbindelse med oplagring skal betales af den part, hvor inkassationen er
  modtaget fra[24].

- Varen skal forsikres ved manglende betaling/accept
  Dette er en instruktion til inkassobanken om at forsikre varerne i tilfælde af
  manglende betaling og/eller accept.
  Det er vigtigt at bemærke, at banken ikke er forpligtet til at forsikre varerne. Det
  gælder, selv om den har modtaget instruktioner om dette[22]. Hvis banken vælger
  at følge instruktionen, og forsikre varerne, gør den dette uden ansvar[23]. Alle
  omkostninger i forbindelse med forsikring skal betales af den part, hvor
  inkassationen er modtaget fra[24].

- Varen må inspiceres
  Dette giver køber lov til at foretage en inspektion. Ofte kræver dette involvering
  af inkassobanken, da denne råder over det originale konnossement.

11: Omkostninger

Dette er en del af de instruktioner, der gives videre til inkassobanken.
Her gives der instruktioner om omkostningerne i forbindelse med bankernes håndtering
af inkassationen. Hvis omkostningerne (alle eller nogle af dem) skal betales af den
udenlandske bank, er det vigtigt at angive hvis omkostningerne ikke må frafaldes. Hvis
dette ikke er angivet, er der en risiko for, at dokumenterne bliver udleveret til køber, uden
at omkostningerne er betalt.

12: Betaling til konto
Her angives den konto hos sælger som nettobeløbet skal krediteres når det modtages.

13: Kontakt person
Her angives kontaktperson hos sælger hvis banken har spørgsmål til inkassationen.

14: Firmanavn og underskrift
Her angiver sælger firmanavn og underskriver.

6 Hvilken sikkerhed giver inkasso?

En inkassations primære opgave er at formidle betalingen mellem køber og sælger, men den giver også en vis sikkerhed til begge parter.

6.1 Sikkerhed for køber

Køber har sikkerhed for, at sælger ikke modtager betaling før køber modtaget dokumenterne under inkassationen.

Hvis inkassationen indeholder et negotiabelt konnossement, der giver adgang til varerne, giver betalingen under inkassationen formelt set køber adgang til varerne.
Se et eksempel på et konnossement i appendiks 4.

6.2 Sikkerhed for sælger

Sælger har sikkerhed for, at køber ikke modtager dokumenterne før der betales eller accepteres.

Hvis inkassationen indeholder et negotiabelt konnossement der giver adgang til varerne, får køber reelt set ikke adgang til varerne før inkassationen betales eller accepteres.
Se et eksempel på et konnossement i appendiks 4.

7 Hvilke Risici er der ved at benytte inkasso?

Inkasso er et stærkt og fleksibelt instrument, men der er risici forbundet med brugen af det. En del af disse risici kan fjernes eller begrænses ved korrekt brug. Herunder er nævnt nogle af de mest oplagte risici for henholdsvis køber og sælger:

7.1 Risici for køber

For køber er den primære risiko forbundet med det faktum, at der handles med dokumenter og ikke med varer. Der er derfor risiko for, at der betales for dokumenterne, og det senere viser sig, at varernes kvalitet ikke er som aftalt. I mange tilfælde får køber først adgang til varerne, når dokumenterne er betalt.

7.2 Risici for sælger

Modsat en remburs er der ikke en bank der garanterer for betaling under en inkassation. Den primære risiko for sælger er, at køber ikke kan eller vil betale inkassationen. I dette tilfælde må vareren sendes retur og/eller der skal findes en ny køber.

I nogle tilfælde afsendes varerne direkte til køber (f.eks. et luftfragtbrev der er udstedt direkte til køber). Hvis dette er tilfældet, er varerne ofte udleveret inden inkassationen præsenteres til køber.

Sælger bærer også den politiske risiko. Det er f.eks. det tilfælde, hvor der i det land køber bor, opstår situationer, der umuliggør at handlen afsluttes. Et eksempel er urolighederne i Syrien i 2013.

8 Finansiering, garanti og aval

I udgangspunktet påtager de involverede banker sig ingen betalingsforpligtelse i en inkassation. Hvis køber ikke betaler, kan sælger ikke gøre krav mod de involverede banker, (forudsat at bankerne har fulgt inkassoinstruktionerne).

I mange tilfælde er det dog muligt for sælger, at benytte inkassationen til at opnå finansiering og/eller få en garanti fra en bank. For eksempel:

8.1 Diskontering

Ved diskontering får sælger diskonteret sine udenlandske veksler. Det vil sige, at sælgers bank betaler sælger inden vekslerne forfalder. Betalingen foretages med regres, hvilket vil sige, at banken kan kræve pengene tilbage fra sælger, hvis køber ikke betaler under inkassationen.
Diskontering forudsætter, at sælgers bank er indstillet på at tage denne risiko på sælger. Sælger betaler renter fra diskonteringstidspunktet til betaling modtages.

8.2 Vekselforfaitering

Hvis sælger ønsker at modtage betaling uden regres (så banken ikke kan kræve pengene tilbage fra sælger, hvis køber ikke betaler under inkassationen), kan vekselforfaitering benyttes. Dette forudsætter oftest, at vekslen er avalpåtegnet af en bank. I praksis underskriver banken på vekslen eller på en allonge, og bliver derved vekselforpligtet på linje med køber.
En avalpåtegning er at betragte som en garanti givet af en bank, og sælgers bank vil vurdere risikoen på den bank der har givet aval, og kun forfaitere hvis banken kan godkendes.
Sælger betaler en risikoprovison (der afspejler risikoen på den bank, der har avalpåtegnet), samt renter fra forfaiteringstidspunktet til betaling modtages.

9 Regler og praksis

9.1 URC 522

Inkassoreglerne (ICC Uniform Rules for Collections), udgives af Det Internationale Handelskammer i Paris (ICC – International Chamber of Commerce). De er opdateret flere gange. Første udgave udkom i 1956, og den nuværende udgave (URC 522) er fra 1996.

Den engelske udgave af URC 522 kan købes ved henvendelse til
ICC Danmark,
Børsen,
1217 København K.

Den danske udgave er udgivet af
Finansrådet,
Amaliegade 7,
1256 København K.

Appendiks 1: Eksempel på en faktura

DKsteel
Jerngade 39
DK - 9999 Ståling

Ståling, 1 October 2013

Original Invoice no. 50078

Invoice to:
CHINEX
PANYU, 99 HUNAGPU DADAO
SOUTH, GUANGZHOU
CHINA

Description of Goods	Amount
5000 MT STEEL TUBES	**USD 150.000**
PROFORMA INVOICE NO.: 02RQB295 **CIP GUANGZHOU PORT (INCOTERM 2010)** **Payment terms:** **Documents against acceptance** **90 days after bill of lading date** **Bill of lading date: 1 October 2013** **Maturity date: 30 December 2013**	

John J.

DKsteel

Appendiks 2: Eksempel på en inkassoveksel

InkBank

Ståling, 1 October 2013   Amount: USD 150000

At 30 December 2013 pay this first bill of exchange (second being unpaid)

To the order of Dksteel the amount of
 USD One Hundred Fifty Thousand 00/100

To: CHINEX
              PANYU, 99 HUNAGPU DADAO
              SOUTH, GUANGZHOU
              CHINA

Payable at: EXBANK
              GUANGDONG BRANCH
              510180 GUANGZHOU, CHINA

John J.
_____
DKsteel

InkBank

Ståling, 1 October 2013   Amount: USD 150000

At 30 December 2013 pay this second bill of exchange (first being unpaid)

To the order of Dksteel the amount of
 USD One Hundred Fifty Thousand 00/100

To: CHINEX
              PANYU, 99 HUNAGPU DADAO
              SOUTH, GUANGZHOU
              CHINA

Payable at: EXBANK
              GUANGDONG BRANCH
              510180 GUANGZHOU, CHINA

John J.
_____
DKsteel

Appendiks 3: Eksempel på en pakkeliste

DKsteel
Jerngade 39
DK - 9999 Ståling

Ståling, 1 October 2013

Shipped to:
CHINEX
PANYU, 99 HUNAGPU DADAO
SOUTH, GUANGZHOU
CHINA

Description of Goods / Packing information	Qualtity
5000 MT STEEL TUBES	5000 MT
PROFORMA INVOICE NO.: 02RQB295 CIP GUANGZHOU PORT (INCOTERM 2010)	
Shipped (bulk) in MS Int Coll V.522E	

Appendiks 4: Eksempel på et konnossement

Bill of Lading for Multimodal Transport or Port to Port shipment

Shipper DKSTEEL JERNGADE 39 9999 STAALING DENMARK	Bill of lading No.: B/L no. 990099/600E
Consignee TO ORDER OF EXBANK GUANGDONG BRANCH 510180 GUANGZHOU, CHINA	**The Great Shipping Line** Postbox 555, DK 6700 Esbjerg (Carrier)
Notify Party CHINEX PANYU, 99 HUNAGPU DADAO SOUTH, GUANGZHOU CHINA	

Precarriage	Place of Receipt	RECEIVED in apparent external good order and condition except as otherwise noted the total number of containers or other packages or units enumerated below for transportation from the place of receipt to the place of delivery subject to the terms detailed on the reverse side of this Bill of Lading. One of the signed bills of lading must be surrendered duly endorsed in exchange for the goods or delivery order. On presentation of this document (duly endorsed) to the Carrier by or on behalf of the holder, the rights and liabilities arising in accordance with the terms hereof shall (without prejudice to any rule of common law or statute rendering them binding on the Merchant) become binding in all respects between the Carrier and the holder as though the contract evidenced hereby had been made between them. IN WITNESS whereof the staled number of original bills of lading all of this tenor and date have been signed, one of which being accomplished, the others to be void.
Port of Loading COPENHAGEN	Vessel & Voyage MS INT COLL V.522E	
Port of Discharge GUANGZHOU	Final Destination	

	Particulars as declared by Shipper		
Marks & Numbers	Description of Goods, Numbers and kind of package	Gross Weight	Measurement
	Said to Contain: STEEL TUBES	5000 MT	

Shipped on board
MS Int Coll V. 522E
From Copenhagen
1. October 2013

Freight & Charges:

FREIGHT PREPAID

Number of Originals	Place and Date of Issue	IN WITNESS whereof the number of original Bills of Lading stated opposite have been issued one of which being accomplished, the others to be void.
3 (THREE)	Copenhagen, Denmark 1. October 2013	**Global Forwarders** As agent for the carrier *Paul Smith*

Appendiks 5: Eksempel på et forsikringscertifikat

MARINE INSURANCE

This is to certify that this company has effected Marine Insurance for the account of	**Original**
DKSTEEL JERNGADE 39 9999 STAALING DENMARK	Certificate No. II90666-3 Open Cover No. HH6666-0
For the amount of EUR 165.000,00 (Full CIP invoice value plus 10 per cent)	

On Goods and/or merchandise as follows

Marks & Numbers and Kind of Packages - Description of goods	Gross weight (kg)	Volume (m³)
STEEL TUBES	5000 MT	
PROFORMA INVOICE NO.: 02RQB295 CIP GUANGZHOU PORT (INCOTERM 2010)		
Original Invoice no. 50078		

Forwarded by

MS Int Coll V.522E from COPENHAGEN to GUANGZHOU on 1 October 2013

The Marine Insurance covers All Risks conditions subject to INSTITUTE CARGO CLAUSES (A) in force – uncles otherwise stated under special conditions. Including INSTITUTE STRIKE CLAUSES (CARGO) in force. Including INSTITUTE REPLACEMENT CLAUSE (Machinery) in force. For refrigerated and/or frozen goods the Marine Insurance covers on INSTITUTE FROZEN FOOD CLAUSES (A) (Excluding Frozen Meat) – with 24 hours breakdown – in force and INSTITUTE STRIKE CLAUSES (Frozen Food) in force. Including INSTITUTE RADIOACTIVE CONTAMINATION, CHEMICAL BIOLOGICAL, BIOCHEMICAL AND ELECTROMAGNETIC WEAPONS EXCLUSION CLAUSE.

War Risks insured subject to INSTITUTE WAR CLAUSES (CARGO) in force – waterborne only. By Air: INSTITUTE WAR CLAUSES (AIR CARGO) (excluding sendings by Post) in force. By Post: INSTITUTE WAR CLAUSES (sendings by Post) in force. Including INSTITUTE RADIOACTIVE CONTAMINATION, CHEMICAL BIOLOGICAL, BIOCHEMICAL AND ELECTROMAGNETIC WEAPONS EXCLUSION CLAUSE.

Special conditions:

This insurance is effected under Open Cover and shall be governed by English law and practice. **KS Insurance (Insurer)** *KimC*　　　*Sindberg* Kim Christensen　　Kim Sindberg	This insurance is not valid unless countersigned by DKSTEEL　　*Mary Peters* JERNGADE 39 9999 STAALING Date of issue: 1 October 2013

Appendiks 6: Eksempel på et luftfragtbrev (Air Waybil)

House Air Waybill

Shipper's Name & Address	Account Number	Not negotiable Air Waybill
		HAWB Number:
		MAWB Number:
		Issued By:
		It is agreed that the goods described herein are accepted in apparent good order and conditions (except as noted) for carriage SUBJECT TO THE CONDITIONS OF CONTRACT ON THE REVERSE HEREOF. THE SHIPPER'S ATTENTION IS DRAWN TO THE NOTICE CONCERNING CARRIER'S LIMITATION OF LIABILITY. Shipper may increase such limitation by declaring a higher value of carriage and paying a supplemental charge if required.
Consignee's Name &Address	Account Number	

Issuing Carrier's Agent		Accounting Information
Agent's IATA Code	Account No.	
Airport od Departure and requested Routing		

To	By first Carrier	Routing and Destination	To	By	To	By	Declared Value
Airport of Destination	Flight/ Date	For Carrier Use Only	Amount of Insurance				

Handling Information	INSURANCE. If Carrier offers insurance, and such insurance is requested in accordance with conditions on reverse hereof, indicate amount to be insured in figures in box marked "Amount of Insurance."

No of Pieces	Gross Weight	Chargeable Weight	Rate / Charge	Total	Nature and Quantity of Goods (incl. Dimensions or Volume)

Prepaid	Weight Charge	Collect	Other Charges
	Valuation Charges		Shipper certifies that the particulars on the face hereof are correct and that insofar as any part of the consignment contains dangerous goods, such part is properly described by name and is in proper condition for carriage by air according to the applicable Dangerous Goods Regulations
	Tax		
	Charges due Agent		
	Charges due Carrier		Signature of Shipper or his Agent
Total Prepaid		Total Collect	
			Date/Place Signature of Issuing Carrier or its Agent

41

Appendiks 7: Eksempel på et transportdokument for bil

INTERNATIONAL CONSIGNMENT NOTE

Sender / Consignor	Customs Reference
	Senders / Agents Reference
Consignee	Carrier
Taking over the goods (Place and Date)	Successive Carrier
Delivery of the goods (Place)	This carriage is subject to the Convention on the Contract for the International Carriage of Goods by Road (CMR – Convention Relative au Contrat de Transport International de Marchandises per Route)

Marks & Numbers and Kind of Packages - Description of goods	Gross weight (kg)	Volume (m³)

Freight charges	Instructions for Customs	
Reservations	Attached Documents	
	Special agreements	
Signature for goods received	Signature/Stamp of Carrier	Issuing company
		Signature, Place and Date

Appendiks 8: Eksempel på et oprindelses certifikat

Exporter (Name, Address, Country) DKSTEEL JERNGADE 39 9999 STAALING DENMARK	CHAMBER OF COMMERCE The Old Stock Exchnage **Certificate of Origin**
Consignee (Name, Address, Country) CHINEX PANYU, 99 HUNAGPU DADAO SOUTH, GUANGZHOU CHINA	**Country, group of Countries or territory in which the products are considered as originating:** DENMARK
Transport information MS Int Coll V. 522E From Copenhagen 1. October 2013	**Country, group of Countries or territory of destination:** CHINA

Marks & Numbers	Description of Goods, Numbers and kind of package	Gross Weight	Measurement
	Said to Contain: STEEL TUBES	5000 MT	

We declare that the goods described above meet the conditions required for the issue of this certificate and are under our responsibility	Declared before us under their responsibility that the above-mentioned goods are of Denmark manufacture and origin in accordance with faithful documents, which have been presented to us. **CHAMBER OF COMMERCE** Date of issue:

Fodnoter

[1] URC 522 artikel 4(a)(1)
[2] URC 522 artikel 4(a)(2)
[3] URC 522 artikel 12(a)
[4] URC 522 artikel 4(b)
[5] Denne definition er er forkortet udgave, af den definition der er i artikel 2(a) i inkassoreglerne.
[6] URC 522 artikel 6
[7] URC 522 artikel 7(a)
[8] URC 522 artikel 2(b)(2)
[9] URC 522 artikel 2(b)(1)
[10] URC 522 artikel 2(d)
[11] URC 522 artikel 2(c)
[12] URC 522 artikel 24
[13] Bekendtgørelse af veksellov, §1
[14] URC 522 artikel 10(a)
[15] Læs mere om CIF og CIP i "Incoterms ® 2010"
[16] URC 522 artikel 3(a)(1)
[17] URC 522 artikel 3(b)
[18] URC 522 artikel 3(a)(2)
[19] URC 522 artikel 3(a)(3)
[20] URC 522 artikel 3(a)(4)
[21] URC 522 artikel 5(d)
[22] URC 522 artikel 10(b)
[23] URC 522 artikel 10(c)
[24] URC 522 artikel 10(d)